小木紀之著作選

別巻

JN121930

小木紀之の人としごと
―略歴・研究活動歴・社会貢献歴―

風媒社

小木紀之遺影

序文

小木裕文

　兄小木紀之が他界し、あっという間に 3 年が経った。この度、亡兄の遺稿集が刊行されることになり、末弟の私も編集委員の一人となり、刊行作業の一翼を担うことになった。私は亡兄の研究分野とは大きく異なっているが、私が研究・教育の道を選んだのも、亡兄の影響が大きい。また、大学院進学を後押ししてくれたのも亡兄である。研究者になるために人生の先輩として、様々な助言や援助をしてくれたのも亡兄であり、今日、教育・研究者の末席にあるのも亡兄のおかげである。亡兄とは 8 歳年が離れていて、子どもの頃、一緒に遊んだ記憶は全くない。ただ読書好きで、いつも本を読み、歴史に詳しかったことは記憶にある。

　亡兄は人当たりが良く、人との関係を作る才があり、また講演や司会も非常に巧みで、実際聞いていて頼もしく思い、学ぶことが多々あった。また、亡兄の寄稿していた雑誌に、中国の環境問題、中国人の消費生活、台湾の消費者運動、シンガポール・マレーシアの華人の生活などのエッセイ、書評を書かせてもらい、また、亡兄が座長である研究会での報告をさせてもらうなど、研究活動の幅を拡げてもらった。ネットワーク作りの大切さ、積極性と継続性、多様な視点、実践を通して理解することなどを亡兄の仕事を通して学んだ。

　さて、亡兄のこれまでの人生は大学における研究・教育活動に止まらず、常に現実の社会と向き合い、学会活動、社会活動、啓蒙活動、政策提言など寸暇を惜しんで全力投球してきた道程であった言える。亡兄の歩んだ軌跡、足跡を今一度確認し、その業績を後世に残すことには大きな意義があり、また今後の研究の発展に些かでも寄与できるものと思われる。

　亡兄は生きている間、学界や社会にその考えを発信し続け、残した業績も消費者問題、消費者政策、消費者運動論、消費者教育から家政学、商学、食料経済学、生活経営学など実に多岐にわたっている。その多くは著書（単著、

編著、共著)、学会誌、雑誌、報告書、翻訳書、テキスト、啓発パンフレット、資料集、新聞、広報誌などに発表されている。亡兄の仕事の量が多く、すべてを完全に把握できていないが、業績の中から相応しいものを選び出し、3巻本の遺稿集としてその仕事を凝縮している。紙数や構成の関係で、遺稿集から漏れた著作も少なくない。

＊

研究初期の頃の単著としては『消費者問題を考える』(家政教育社、1969年)、『現代消費者教育論』(風媒社、1969年)があり、両書とも消費者教育研究をライフワークと決めてスタートした研究活動の最初のまとまった成果である。両書とも20代後半の著作である。この他、滋賀大学の岡部昭二先生(2015年逝去)との共著で出版した『家庭でできる商品テスト』(家政教育社、1970年)は学校、消費者団体、消費者行政からの多くの支持を受け、版を重ね続け、15年後には新版が出版されている。単なる商品テストではなく、テストを通して消費者意識の向上や消費者の要求を企業に伝え、賢い消費者を形成していくことを目的としていた。さらに6年後、消費者問題に対する理解と接近を多くの消費者自ら認識してほしいとの願いから、改訂・新版として『食に関する簡易商品テスト』(家政教育社、1991年)を出版した。

また、今井光映氏との代表的な共著としての『消費者福祉』(ミネルヴァ書房、1970年)、『生活設計論』(ミネルヴァ書房、1970年)、『現代消費生活思想』(法律文化社、1971年)、『現代の重荷――公害を見直そう』(ドメス出版、1972年)、単著として『物価のカラクリと消費者教育』(家政教育社、1972年)を陸続と出版している。この時期、亡兄は教育・研究の活動場所を高校から大学へと移している。

＊

発展期の頃(40代)の代表的な研究業績としては、『消費者は守られているか――これからの消費者と消費者教育』(ドメス出版、1981年)があげられる。タイトルの「消費者は守られているか」は亡兄の消費者教育研究上の視点であり、「消費者は果たして守られているか、もし守られていないとすれば誰が、どのようにして守っていくべきなのかそこでの企業、行政、消費者の役割はいったいどのようなものであるのか、またどのようなものでなければならな

いのか――そうした問いかけは消費者教育研究において不可欠の学的姿勢であろう」と述べている。この著作と『消費者政策――消費者保護と消費者の課題』（編著、家政教育社、1979年）、『新しい消費者教育を求めて』（編著、家政教育社、1981年）の3冊を併せて、消費者教育研究上の中間決算報告的な意味を持った成果と位置づけている。また、「大学が大衆化の波に洗われ、大学の社会的責任が問われ、開かれた大学への要求が高まりつつある中では、学問研究もまた市民に理解されるように努力することが大学人の課題」と現実に向き合った開かれた研究の大切さを主張していた。

　1981年は日本消費者教育学会が創立された年であり、亡兄は初代会長に就任した今井光映金城学院大学学長（当時、2018年逝去）と共に学会創立に参画していた。今井氏との出会いは1960年代中頃に遡るという。消費者教育論の研究史に詳しい阿部信太郎城西国際大学教授は「環境科学・家庭科学など家政学から消費者教育論を追究していた今井氏は、1960年代中頃、商学から消費者教育論を追究していた小木紀之氏と出会った。その仲立ちになったのが家政教育社の『家庭科教育』誌であり、日本家政学会であった。1960年代後半の『家庭科教育』誌における一連の今井氏によるアメリカ家政学会史の発表と、小木氏の消費者政策論の発表とが、家政学と商学における消費者教育に関する相互の認識と理解を可能にした」と述べている（『城西国際大学紀要』23巻1号、2014年）。消費者問題発生の時代は、今井光映教授の研究努力もあって、先ず家政学のなかに消費者教育論が位置づけられていた。亡兄は岐阜女子大学家政学部、ノートルダム清心女子大学家政学部、長崎大学教育学部に所属しながら新しい研究領域を生み出す努力をしていた。家政学会においても新しい家政学構想の共通認識として、「その新しさ、つまり伝統的家政技術論的家政学からの脱皮を前提としたものでなければならない。そして、新しい家政学研究のあるべき方向性はその伝統的家政技術論的家政学を克服した時点において、はじめてその明確化を実現できるのではないかと思われる。とりわけ1960〜70年代の価値体系の変化―basic needの充足→ゆとり→公害、humanismの侵害といった動きを踏まえて新しい家政学の目的、対象、方法を考えるべきである。」（『家政学原論研究会会報』No.8、1975年）と提言していた。

1979 年には市邨学園大学経済学部消費経済学科（後の名古屋経済大学）に移籍し、名古屋での教育・研究・社会活動を精力的に展開した。

＊

　発展期後半には、『消費者教育の時代』（単著、家政教育社、1985 年）、『消費者教育のすすめ——消費者の自立をめざして』（編著、有斐閣、1986 年）、『消費者教育ナウ』（単著、家政教育社、1988 年）など消費者教育論に関する研究を深化させている。『消費者教育の時代』では幼児期から社会人、高齢者に至る一貫した消費者教育の必要性を訴えていた。とりわけ、「高齢者における消費者問題」は振り込み詐欺、投資勧誘など今なお今日的課題であり、その先見性には敬服する。最近、メディアや選挙でも大きく取り上げられた「老後と年金問題」については、約 40 年前に、老後の生活には公的保障と退職金・企業年金が必要であるし、さらに豊かな老後の生活の実現には預貯金・生命保険などの個人保障（自助努力）の上積が必要であると、指摘していた。

　また、消費者教育を平易に解説するテキストの執筆にも心掛け、消費生活センター講座の入門テキストや放送大学のテキスト『消費者問題論』（編著、放送大学教育振興会、1994 年）、『消費者問題の展開と対応』（編著、放送大学教育振興会、1998 年）なども出版している。

　この時期亡兄は愛知・岐阜・三重各県・名古屋市の消費生活、消費者保護に関わる審議会・委員会などの会長・委員を務め、幅広い社会活動を通じて、消費者行政・消費者団体・企業の消費者部門など各方面の行動に理論的な指針を提供し、実践面でも指導的な役割を果たしていた。さらに、日本消費者教育学会の第 2 代会長（1995 ～ 2007）を 12 年間にわたって務め、研究活動を推進していた。

　また、亡兄はアメリカの消費者運動、消費者教育、家政学に強い関心を持ち、重要な論文の翻訳にも 1976 年頃から継続的に取り組んでいた。その成果としてまとめた『消費者主権の実現を目指して——小木紀之翻訳論文集』（単訳、ユーズ企画、2003 年）、『賢い消費者——アメリカの消費者教育の教科書』（監訳、家政教育社、1998 年）、『家政学の母エレン・H・リチャーズの生涯』（監訳、家政教育社、1980 年）などがあげられる。これと並行して、アメリカの消費者行政機関、大学、消費者団体などを訪問して、関連資料の収集

や視察を行い、アメリカの消費者教育、消費者問題、消費者行政への理解を深めていた。この他、消費者行政、消費者問題に関する資料の散逸を杞憂し、関連する資料を収集して、『日本消費者問題基礎資料集成5巻、6巻、8巻』（編著、すいれん舎、2006年、2007年、2008年）を出版している。

*

　発展期後半から病気治療に追われた晩年期に至るまで、1985年から第一生命の協力の下でスタートした「消費者問題研究グループ」の座長を務めた。この研究グループは2～3年を1サイクルとして研究会を運営していた。亡兄は消費者市民社会形成と企業・消費者の役割を研究し、次のようにまとめている。「消費者の権利の実現を目指す消費者教育は『生産者と消費者間の力関係をバランスあるものとし、より活動的で啓発された市民を生み出すこと』にフォーカスされる。そして、『政策プロセスの役割を理解し、個人的、集団的行動を通して公共政策に影響を与えていく』、つまり社会的意思決定のできる消費者力を持つ、『消費者市民の育成』こそが権利実現を目指す消費者教育の狙いといえよう」（『消費者主権の実現に向けて』、2011年）。消費者自らが進んで消費者問題に関心を持ち、学習活動に参加する中で、消費者問題を把握し、その解決への努力を怠らない消費者力を持つ消費者の育成を強く説いている。この研究活動は第13次「消費者問題点描」（2016年）まで続き、この報告書での座長としての「まとめ」が最後の遺稿となった。

　亡兄の最後の仕事として、病気で体力の低下が著しい中で、まとめた『時代を読む——私の紙面批評』（中部日本教育文化会、2013年）と『戦いの流れの中で——真実一路にいきたある傷痍軍人の生涯』（自費出版、2013年）を忘れてはならない。前者は中日新聞の社内誌に社外モニターとして、20年以上（1989～2012）も紙面批評を寄稿していたコラムをまとめたものである。亡兄の、鋭い視点、的確な批評、苦言、提言などが短い文章の中でまとめられ、文章力の高さがうかがえる。その対象も新聞・ジャーナリズムの在り方、責任、そして専門とする消費者問題・消費者教育や社会世相、環境、文化、教育、歴史、政治までにも及び、「新聞を読むにあたり、記事に『優しさ、強さ、確かさ』があるかを読み手として常に意識してコラム執筆に」持続的に取り

組んでいた。ぜひ本書をとりわけ、現役の記者やジャーナリストを目指す学生の皆さんに一読してもらいたい。

　後者は亡父早苗の伝記である。現代史に精通している亡兄ならばの作品である。亡父の軍人手帳、静岡新聞に連載された亡父の「戦いの記録」、陸軍第18連隊史、亡父から伝えられた話、日中戦争史料などを基に亡父の歩んだ生涯を描いている。特に、日中戦争の戦場の最前線に立ち、下士官として成長する父の姿は、我々家族の脳裏には文字ではなく、映像として映し出されてくるかのようであった。4人の兄弟姉にとって、父は尊敬の対象であり、4人とも父のDNAを引き継いでいる。それは絶えず努力し、誠実に人生を生きることである。亡兄もその道を選び、ひたすら教育・学問の道を歩み、社会的貢献に励んだ。

　本遺稿集が、消費者問題、消費者教育、消費者政策に関心を持つ多くの方々、とりわけ研究者、消費者団体、消費者行政機関、企業などで読まれ、亡兄が目指した「消費者市民の育成」「消費者の権利の実現」のための一助になればと心から願っている。

（立命館大学国際関係学部教授）

[目次]

編成にあたって

　亡兄小木紀之の遺稿集の出版にあたり、その構成を残された大量の著作の中から、エッセイ、解説、短文論稿などを除いて、論文を中心に選びだし研究テーマごとに全3巻に分類した。

　異なる単行本、論文集、雑誌、報告書などに書かれた論文を集めたので、スタイルが章ごとに違いがあり、章間での重複も散見される。しかし、亡兄の執筆の目的、考え、主張などを尊重し、論文は引用・参考文献の表記、図・表の書き方の統一、明らかな誤記の修正、改行などを除いて、原文に従って収録した。写真は、原本不在のため割愛した。

　第I巻は消費者問題、消費者保護、消費者運動に関連する論文を集めた。第II巻は消費者政策、消費者行政に関する論文を選んだが、他巻に比べて分量が少なくなり、巻ごとのページのバランスを取るためにとも、国際消費者運動やアメリカの消費者保護などに関する論稿を加えた。第III巻は消費者教育に関する論文を集めた。それぞれの巻には編集委員の東珠実氏、大藪千穂氏、小木紀親氏に巻頭文を執筆していただいた。また、亡兄の経歴、研究活動歴、社会貢献活動歴などを収録した別巻を選集に加えることにした。

　各巻の章立ては次の目次の通りである。

◉第I巻

●別巻

略 年 譜

1941年11月3日　静岡県磐田郡豊岡村において父小木早苗、母喜美代の長男
　　　　　　　　（4人きょうだい）として生まれる

1947年4月1日　豊岡小学校入学（1654年3月卒業）

1954年4月1日　豊岡南中学校入学（1954年3月卒業）

1957年4月　　　静岡県立二保高校入学（1960年3月卒業）

1960年4月　　　東京経済大学経済学部商学科入学
　　　　　　　　（1964年3月卒業　経済学士）

1964年4月1日　名古屋市立西陵商業高校の教諭となる（至1966年3月）

1966年4月1日　同上定時制課程教諭（至1969年3月）

　　　4月　　　愛知学院大学大学院商学研究科商品学専攻修士課程入学
　　　　　　　　（1968年3月修了・商学修士）

　　　8月　　　一橋大学出向（産業教育指導者養成・商品学実験）

1967年2月26日　結婚（旧姓東　美代子・現日本福祉大学名誉教授と）

1968年4月　　　名古屋大学農学部国内留学（食料経済学研究）
　　　　　　　　（至1969年3月）

　　　4月　　　中京女子大学家政学部兼任講師（至1972年3月）

　　　4月18日　長男（紀親、現東京経済大学教授）誕生

1969年4月　　　金城学院大学短期大学部兼任講師（至1972年3月）
　　　　　　　　椙山女学園大学家政学部兼任講師（至1972年3月）

1970年6月〜　　第6回国際消費者機構（IOCU）世界会議（隔年開催）に
　　　7月　　　参加（オーストリア・バーデン市）

1971年4月　　　岐阜女子大学家政学部助教授（至1973年3月）

1973年4月　　　ノートルダム清心女子大学家政学部助教授
　　　　　　　　（至1977年12月）

1974年4月9日　長女（由緒）誕生
　　　　　　　　日米ヒーブ（HEIB）会議発足・参加

1977年8月～ 9月	アメリカ合衆国連邦政府消費者行政機関（消費者製品安全委員会、大統領消費者問題担当特別補佐官室など）ならびにアメリカ家政学会本部を訪問
1978年1月	長崎大学教育学部助教授（至1979年3月）
1979年1月	第3回日米ヒーブ会議に参加
4月1日	市邨学園大学経済学部消費経済学科助教授 （至1982年3月）
1980年10月	岐阜大学教育学部兼任講師（至1985年3月）
1981年11月3日	日本消費者教育学会設立（理事となる）
1982年4月	名古屋経済大学（市邨学園大学の校名変更による）経済学部消費経済学科教授
1984年 ＊	東ミシガン大学消費者教育センター調査
1990年4月	名古屋経済大学消費者問題研究所所長（至1999年3月）
4月	高知県立高知女子大学家政学部兼任講師 （至1995年3月）
1992年4月	放送大学客員教授（ラジオ講座、至2002年3月）
7月25日	結婚25周年を記念して夫妻による初めての共著『言葉のシンフォニー』を発刊（愛知書房）
1995年10月	日本消費者教育学会会長となる（至2007年10月）
2005年10月	消費者生活アドバイザー制度25周年功労者・経済産業大臣賞受賞
2007年10月	日本消費者教育学会名誉会長となる
2008年11月	愛知県知事表彰受賞（消費者行政等に尽力）
2010年3月31日	名古屋経済大学退職
2010年4月1日	名古屋経済大学より名誉教授の称号を受ける
2012年6月30日	平成24年度消費者支援功労者内閣総理大臣表彰受賞
2016年5月3日	死去（結婚50周年に10ヵ月を残して…）
2016年8月7日	「小木紀之先生　お別れの会」開かれる （於：キャッスルプラザin名古屋）

付記

＊なお、愛知教育大学、愛知大学、上智大学、東京経済大学、日本福祉大学、松山大学等に随時出講

＊名古屋経済大学消費者問題研究所の「公開講演会」を第1回～第30回まで中心的に手掛け、企画・コーディネートを行うとともに、自らもパネラーやコーディネーター、司会を務めた

研 究 活 動 歴
― 著者・訳書・学会 ―

1　単行本

1　単著

（単著）

『消費者問題を考える』	昭和44年 3 月	家政教育社
『現代消費者教育論』	昭和44年 5 月	風媒社
『物価のカラクリと消費者教育』	昭和48年 4 月	家政教育社
『消費者運動ガイドブック』	昭和55年 3 月	名古屋市経済局
『消費者は守られているか』	昭和56年 7 月	ドメス出版
『消費者教育の時代』	昭和60年12月	ドメス出版

「買い物とくらし　くらしと資源・エネルギー」
『暮らしの視点・6講　消費者問題の理解と確かな暮らしのために』
　　　　　　　　　　　　　　　　　　　昭和61年 8 月　愛知県消費生活課
小木紀之講演集　『消費者問題と消費者対応企業戦略』
　　　　　　　　　　　　　　　　平成元年10月　中部経済新聞社
『消費者問題入門』（静岡県消費者ホーム講座テキストNo.1）
　　　　　　　　　　　　　　　　　　平成 9 年 7 月　静岡県
『時代を読む―私の紙面批評―』 平成25年11月　中部日本教育文化会
『戦いの流れの中で―真実一路にいきたある傷痍軍人の生涯―』
　　　　　　　　　　　　　　　　　　　　　　平成25年12月

2　共著、編著、共編著
1969年（昭和44年）～
岡部昭二　小木紀之共著　『家庭でできる商品テスト』
　　　　　　　　　　　　　　　　昭和45年 3 月　家政教育社
今井光映　小木紀之共著　『消費者福祉』
　　　　　　　　　　　　　　　昭和45年10月　ミネルヴァ書房

今井光映　小木紀之共著　『生活設計論』

　　　　　　　　　　　　　　昭和46年 7 月　　ミネルヴァ書房

今井光映　小木紀之　佐原洋　楠野昭共著

『現代消費生活思想』　　　　　昭和46年12月　　法律文化社

『現代の重荷―公害を見直そう―』(共著) 昭和47年 9 月　　ドメス出版

『概説　商品学』(共著)　　　　昭和48年 6 月　　建帛社

中部家庭経営学研究会『家庭経営13講』 昭和48年12月　　ドメス出版

『テキストブック家政学』(共著)　昭和54年 6 月　　有斐閣

小木紀之　川井克倭編著『消費者政策』 昭和54年 6 月　　家政教育社

『小・中学校の消費者教育―教師用指導書』(編著)

　　　　　　　　　　　　　昭和55年 3 月　岐阜県県民生活課

(財) 生命保険文化センター編　『新しい消費者教育を求めて』

　　　　　　　　　　　　　　昭和56年 8 月　　家政教育社

日本消費者教育学会編　「国における消費者保護」『消費者保護論』　昭和

　　　　　　　　　　　　　　58年 4 月　　光生館

『消費者教育のあり方に関する調査研究　―欧米の学校教育における消

　　費者教育の原理・方法とわが国の学校教育における消費者教育のあり

　　方に関する調査・研究―』＜経済企画庁委託研究＞

　　　　　　　　　　　　　　昭和59年 3 月　　家政教育社

岡部昭二　小木紀之共著　『新版　家庭でできる商品テスト』

　　　　　　　　　　　　　　昭和60年 4 月　　家政教育社

米川五郎　髙橋明子　小木紀之共編著

『消費者教育のすすめ―消費者の自立をめざして―』

　　　　　　　　　　　　　　昭和61年 3 月　　有斐閣

小木紀之　中原秀樹共著　『消費者教育ナウ』

　　　　　　　　　　　　　　昭和63年10月　　家政教育社

1989年（平成元）～

第一生命保険相互会社

　　『生活創造時代の企業と消費者　―企業社会と顧客満足―』

　　消費者問題研究グループ（座長・編著）　平成 2 年 4 月　　家政教育社

岡部昭二　小木紀之共著

　　『食に関する簡易商品テスト』　　　平成 3 年12月　　家政教育社

小木紀之監修　『名古屋市消費者行政三十年史』　　　平成 4 年 3 月

小木紀之　小木美代子共著　『言葉のシンフォニー』

　　　　　　　　　　　　　　　　　平成４年７月　愛知書房
小木紀之編著　『消費者問題論』

　　　　　　　　　　　　平成６年３月　（財）放送大学教育振興会
（財）消費者教育支援センター

　『最新消費者教材 情報・企業・業界団体編 』　　　平成６年３月
米川五郎　髙橋明子　小木紀之共編著

　『新版　消費者教育のすすめ　―消費者の自立をめざして―』

　　　　　　　　　　　　　　　　平成６年４月　有斐閣
日本消費者教育学会編　「消費者保護と消費者運動」

『新・消費者保護論』　　　　　　　平成６年10月　光生館
（財）消費者教育支援センター『消費者教育を考える』　平成８年３月
小木紀之編著　『消費者問題の展開と対応』

　　　　　　　　　　　平成10年３月　（財）放送大学教育振興会
第一生命保険・消費者問題グループ小木紀之（座長）編著

『生活創造時代の企業と消費者　―企業社会と顧客満足―』

　　　　　　　　　　　　　　　　平成13年４月　家政教育社
日本消費者教育学会編　「企業消費者教育の意義」

『消費生活思想の展開』　　　　　平成17年10月　税務経理協会
小木紀之　大藪千穂編

『日本消費者問題基礎資料集成５―地方自治体消費者行政資料―』

　（付『別冊 解題・資料』）　　　　　平成18年９月　すいれん舎
小木紀之　樋口一清編

『日本消費者問題基礎資料集成６―政府関係資料―』

　（付『別冊 解題・資料』）　　　　平成19年９月　すいれん舎
第一生命保険・消費者問題研究グループ小木紀之（座長・編著）

『消費者市民社会と企業・消費者の役割』

　　　　　　　　　　　　平成25年３月　中部日本教育文化会
第一生命保険・消費者問題研究グループ小木紀之（座長・編著）

『消費者問題点描』（遺稿）　　　　　　　平成28年７月

2 論文

1 研究誌
（単著）

「国際消費者運動の新しい展開」『国民生活研究』
　　　　　　　　第 9 巻第 8 号　1970年 8 月（独行）国民生活センター
「地方消費者行政の推進について（解説）」
　名古屋経済大学消費者問題研究所『研究紀要』第 7 号　1985年 3 月
「消費者教育の推進をめざして」
『消費者教育持論—消費者教育を考える（第 1 輯）—』
　　　　　　　　　　　1996年 3 月（財）消費者教育支援センター
「国際化時代の消費者と消費者問題」
　名古屋経済大学消費者問題研究所『研究紀要』第12・13合併号
　　　　　　　　　　　　　　　　　　　　　　　　1991年 2 月
「消費者教育教材情報の意義」
　名古屋経済大学消費者問題研究所『研究所報』第16号　1974年 3 月
「企業消費者教育の推進めざして」
　名古屋経済大学消費者問題研究所『研究紀要』第17号　1995年 3 月
「民間型製品分野別ADRの課題と展望」
　名古屋経済大学消費者問題研究所『研究紀要』第20号
　　　　　　　　　　　　　　　　1998年 3 月　伊藤敦共著
「地方消費者行政の現状と課題」
　名古屋経済大学消費者問題研究所『研究紀要』第21号　1999年 3 月
「地方消費者行政推進の現状と検討課題」
『日本消費者問題基礎資料集成 5　別冊解題・資料』
　　　　　　　　　　　　　　　　2006年10月　すいれん舎
「消費者の権利実現のための消費者教育」
『日本消費者問題基礎資料集成 6　別冊解題・資料』
　　　　　　　　　　　　　　　　2007年 7 月　すいれん舎

（共著、編著）
小木紀之・髙橋明子共著
「企業における消費者教育（1）—企業に望まれる消費者教育—」
『消費者教育』第 1 冊　　　　日本消費者教育学会編　1983年 6 月
Colston Warne著　小木紀之・中妻静子共訳

「アメリカの消費者運動と消費者問題の役割」
　　　　　ノートルダム清心女子大学家政学部『時報』　1975年12月
小木紀之・小木佐基子著
「老人問題に関する女子学生の意識調査」
　　　　　ノートルダム清心女子大学家政学部『時報』　1975年12月

2　関係誌（主なもの）
（単著）
1974（昭和49）年〜
「日米HEIB会議から学ぶもの」『家庭科教育』
　　　　　　　　　　　　　　　　　1974年1月　家政教育社
「外国における消費者保護—特にアメリカの例を中心に—」
『家庭科教育』第49巻6号　　　　　1975年5月　家政教育社
「シリーズ・消費者教育を問う①市民権を勝ちとった消費者教育—日本
消費者教育学会設立の意義—」『消費と生活』
　　　　　　　　　　　　　　　　1981年12月　消費と生活社
「シリーズ・消費者教育を問う②子どもたちはかしこい消費者の卵—な
ぜ学校における消費者教育が必要なのか—」
『消費と生活』　　　　　　　　　　1982年1月　消費と生活社
「シリーズ・消費者教育を問う③学校における消費者教育導入への道—
最大の課題はカリキュラムをどうするか!?—」
『消費と生活』　　　　　　　　　　1981年2月　消費と生活社
「シリーズ・消費者教育を問う④消費者教育、生かすも殺すも教師しだ
い!!—実践にあたり教師に要求されている資格とは—」
『消費と生活』　　　　　　　　　　1982年3月　消費と生活社
「資源問題と家庭経済」
『家庭科教育—80年代の家庭経済—』第56巻9号7月臨時増刊
　　　　　　　　　　　　　　　　1982年7月　家政教育社
「アメリカの消費者経済」『くらしと保険　教育資料』No.39
　　　　　　　　　　　1984月9月　生命保険文化センター
「高齢化社会と家庭経済」
『家庭経済学—生活の質の向上をめざして—』今井光映編著
　　　　　　　　　　　　　　　　1985年3月　光生館

「アメリカの消費者保護機構」
『かしこい消費者シリーズ』No.27　　　　　　　1987年3月　愛知県
「消費者問題の今日的特質と課題」
『家庭科教育』第61巻9号　　　　　　　　　1987年7月　家政教育社

1989（平成元）年〜
「『ポスト石油時代』の資源エネルギー—ムダを排して生活のダイエット
を—」『生活の設計』No141　　　1989年4月　貯蓄広報中央委員会「く
らしの経済学①消費者問題とわたしたちの暮らし」
『子とともに』第36巻3号　　　1990年5月　（財）愛知県教育振興会
「くらしの経済学②消費者問題と消費者教育」
『子とともに』　第36巻4号　　　1990年6月　（財）愛知県教育振興会
「高齢化社会と家庭経済」
『家庭科教育—90年代の家庭経済—』　No.226　第64巻14号
11月臨時増刊　　　　　　　　　　　　　1990年11月　家政教育社
「国際化時代の消費者と消費者問題」
　　名古屋経済大学消費者問題研究所『研究所報』　　　1991年2月
「消費者問題」「消費者運動」「消費者保護制度・政策」など
　　　　　　　　　　　　　『imidasu』1989年　1990年　1991年版　集英社
「消費者教育の推進—学校における消費者教育を中心に—」
『都市問題研究』　　　　　　　　　1997年5月　都市問題研究会
「商人道に学び企業の意識改革を！」『時局』　　　　　1997年4月
「消費者政策（解説）」『消費科学』
　　　　　　　　　　　　1998年5月　日本繊維製品消費科学会
「実効あげる消費者教育−その現状と課題−」
　　『消費と生活』　No.226　　　　　　　1999年3月　消費と生活社
「消費者契約法と消費者教育」『センター・ポート』　No.111
　　　　　　　　　　　　2002年10月　㈱日立製作所家電グループ
「変わりゆく高齢者のライフスタイル」『ウェルフェア』Vol.49
　　　　　　　　　　　　　　　　　2003年　全労災協会
「21世紀型消費者教育の展開—コンシューマ・シチズンの形成をめざして
　—」『都市問題研究』　　　　　　　2004年4月　都市問題研究会
「消費者の権利実現のための消費者教育」
　　『国民生活』第35巻第5号　2005年5月　（独・行）国民生活センター

3　訳書

C.Lハソト著　小木紀之・宮原佑弘監訳
アメリカ家政学研究会　小木紀之（代表）・及川正博・柴静子・
小木裕文・小木佐基子・人見節子共訳
『家政学の母エレン・H.リチャーズの生涯』
1980年12月　家政教育社
J・G・ポニス、R・バニスター共著
井上宗通・牧野香三・西村隆男・近藤恵・鎌田浩子・小木紀親共訳
『賢い消費者―アメリカの消費者教育の教科書』
1998年4月　家政教育社
小木紀之訳　『消費者主催の実現をめざして―小木紀之翻訳論文集―』
2013年9月　ユーズ企画
上記小木紀之翻訳論文集(論文)一覧
　①E.T.ガーマン他著
　　「アメリカにおける高齢者の消費者の権利と法的保護の知識」
　　名古屋経済大学消費者問題研究所『研究所報』15号　1993年3月
　②S.W.マクダニエル他著　「戦略的グリーン・マーケティング」　同上
　　『研究所報』18号　　　　　　　　　　　　　　　1996年3月
　③M.フリードマン著
　　「食料品価格の高騰に対するアメリカ消費者の不買運動」
　　同上『研究所報』19号　　　　　　　　　　　　　1997年3月
　④R.ヘディング著「グリーン・コンシューマリズムの社会的機能」同
　　上『研究所報』20号　　　　　　　　　　　　　　1998年3月
　⑤S.H.パーカー著
　　「教育社と小売業者から見たインターシップの有用性と問題点」　同
　　上『研究所報』22号　　　　　　　　　　　　　　2000年3月
　⑥K.グレーバー「ノルウェーの消費者保護」
　　同上『研究所報』23号　　　　　　　　　　　　　2001年3月
　⑦T.ウィルヘルムソン著「消費者法と環境―消費者から市民へ―」同
　　上『研究所報』24号　　　　　　　　　　　　　　2002年3月
　⑧D.M.ブラッヘ著「働く母親の支えとしての外食産業」
　　同上『研究所報』25号　　　　　　　　　　　　　2003年3月

風媒社 愛読者カード

書 名

本書に対するご感想、今後の出版物についての企画、そのほか

お名前　　　　　　　　　　　　　　　　　　（　　歳）

ご住所（〒　　　　　　　　）

お求めの書店名

本書を何でお知りになりましたか
①書店で見て　　②知人にすすめられて
③書評を見て（紙・誌名　　　　　　　　　　　　　　　　）
④広告を見て（紙・誌名　　　　　　　　　　　　　　　　）
⑤そのほか（　　　　　　　　　　　　　　　　　　　　　）
＊図書目録の送付希望　□する　□しない
＊このカードを送ったことが　□ある　□ない

郵便はがき

460-8790

101

料金受取人払郵便

名古屋中局
承　　認

9014

差出有効期間
2026年9月29日
まで

名古屋市中区大須
1-16-29

風媒社 行

ılıllıllııllıllıllıllı·ılılılılılılılılılılılılılılı

注文書●このはがきを小社刊行書のご注文にご利用ください。

書　名	部　数

郵便振替同封でお送りします (1500 円以上送料無料)

⑨R.W.ストレイン著「ホームエコノミストの企業的価値」
　ノートルダム清心女子大学家政学部『時報』21号　　1976年3月
⑩IOCU（現CI）消費者教育委員会「学校教育における消費者教育の
　展望」＜昭和58年経済企画庁研究委託＞
　『消費者教育のあり方に関する調査研究』　　　　　1984年3月
⑪「消費者教育とシチズンシップ教育の融合の論理的根拠について」
　スー・マクレガー著　訳：小木紀之
　名古屋経済大学消費者問題研究所『研究所報』26号　2004年3月

小木紀之・吉田有希共訳
「消費者クラスアクションは消費者の権利強化の鍵となるか
―イスラエルを例として―」
　シナイ・ドイッチ著
　　同上『研究所報』28号　　　　　　　　　　　　2006年3月
「現代化されたEC競争法―消費者利益の観点から―」
　ジュール・スタイック著
　　同上『研究所報』29号　　　　　　　　　　　　2007年3月
「情報公開に係る消費者法と競争法における緊張関係」
　ジェームス・タニー著
　　同上『研究所報』30号　　　　　　　　　　　　2008年3月

その他

　エッセー、書評、巻頭言等は割愛した。

4　所属学会等

昭和39年 4 月	日本商品学会会員
＊	日本家政学会会員
51年12月	日本消費経済学会会員
56年 9 月	日本消費経済学会評議員（至昭和60年 5 月）
56年11月	日本消費教育学会会員
56年11月	日本消費教育学会理事（至平成 7 年10月）
62年 5 月	日本商品学会評議員（至平成元年 4 月）
平成 7 年10月	日本消費者教育学会会長（至平成19年10月）
7 年10月	日本学術会議商学研究連絡委員会委員
	（至平成 9 年 9 月）
17年 1 月	日本学術振興会科学研究費委員会専門委員
	（至同年12月）
19年10月13日	日本消費者教育学会名誉会長
＊	大倉喜八郎記念東京経済大学学術芸術振興会会員

社 会 貢 献 活 動 歴
― 審議会・企業・マスコミ等 ―

1 審議会・委員会等委員

昭和50年10月 岐阜県消費生活安定審議会委員・同会長代行（岐阜県知事）
　　　　　　　（平成27年9月まで）

　　50年12月 愛知県消費者保護審議会委員・同会長（愛知県知事）

　　　　12月 三重県消費生活対策審議会委員・同会長代行
　　　　　　　（三重県知事）

　　　　　＊ 名古屋市消費生活審議会委員・同委員長

　　54年4月 名古屋市消費者苦情処理委員会委員・同会長
　　　　　　　（名古屋市長）

　　　　　＊ 岐阜県苦情処理委員会委員

　　56年8月 経済産業大臣認定消費生活アドバイザー資格試験委員・同
　　　　　　　委員長（一財・日本産業協会、平成26年3月まで）

　　60年4月 経済企画庁地方消費者行政推進委員会委員
　　　　　　　（平成2年8月まで）

平成2年5月 消費者志向優良企業等選定委員会委員
　　　　　　　（一財・日本産業協会、平成17年4月まで）

　　12年1月 （財）消費者教育支援センター理事
　　　　　　　（文部科学省・内閣府共管）

　　　　4月 名古屋市産業教育審議会専門委員

　　　　　＊ 愛知県食の安全 ・安心推進協議会会長

　　13年4月 名古屋市3R推進協議会・委員長（平成25年3月まで）

　　　　4月 名古屋市リサイクル基金運用委員会・委員
　　　　　　　（平成26年3月まで）

　　25年＊月 内閣府平成26年度消費者支援功労者内閣総理大臣賞選考
　　　　　　　委員（平成26年3月まで）

　　26年4月 経済産業大臣認定消費生活アドバイザー資格試験委員会顧
　　　　　　　問（一財・日本産業協会）

＊ なお、この間に国や自治体の講演会・シンポジウム、フォーラム等の講
　師、パネラー、司会等 を多数引き受ける。

2　法人、企業等

昭和60年7月　第一生命保険相互会社（平成22年3月〜第一生命保険株式会社となる）内に"消費者問題研究グループ"が発足し、以来約30年間座長を務め、その都度冊子にまとめている。まとめた冊子の一覧は以下の通りである（平成28年5月まで）

「まとめ冊子」一覧

『これからの企業の消費者対応』（第2次）平成2年3月

『生活優先時代の消費者（生活者）と企業』（第4次）
平成7年4月

『生活創造社会を目指して』（第5次）　　平成9年4月

『企業社会と顧客満足』（第6次）　　　　平成12年4月

『安心・安全社会と消費者』（第7次）　　平成15年3月

『自立する消費者へのメッセージ』（第8次）
平成17年3月

『めざそう消費者の安全・安心社会』（第9次）
平成19年5月

『きずこう消費者主役の新時代』（第10次）平成21年3月

『消費者主権の実現に向けて』（第11次）　平成23年4月

『消費者市民社会と企業・消費者の役割』（第12次）
平成25年3月（前出・著作欄参照）

『消費者問題点描』（第13次）
平成28年7月（前出・著作欄参照）

平成13年1月　（公）生命保険文化センターの設立と同時に、同センター研修講師となり、全国の新聞社や学校法人等とタイアップした講演活動の講師を引受ける　（平成23年3月まで）

20年7月　第一生命保険相互会社・社員総代選考委員
（平成22年3月まで）

23年4月　（公）生命保険文化センター評議員（平成26年3月まで）

3　マスコミ関係

新聞等

平成元年 5 月　中日新聞「紙面審査報」"コラム欄"（社外モニターからの
　　　　　　　一言）に平成24年12月まで約25年間に亘りレギュラー執筆
　　　　　　　し、『時代を読む』（平成25年11月）にまとめる

（前出・著作欄参照）

　＊その他　中日新聞、読売新聞、毎日新聞、朝日新聞、中部経済新聞、消
　　費者経済新聞、聖教新聞等に論文やコメント等を随時発表

テレビ

平成 2 年 5 月　NHK名古屋放送局「ウィークエンド中部」にレギュラー
　　　　　　　出演（平成 3 年 3 月まで）

　＊その他、単発では NHK総合テレビ、中京テレビ、CBCテレビ、東海テ
　　レビ、メ〜テレ等に随時出演

ラジオ

昭和62年 4 月　NHK 名古屋放送局「朝のロータリー・東海いきいき情報」
　　　　　　　の中で "ことばミニ情報" をレギュラー出演。後に『言葉
　　　　　　　のシンフォニー』にまとめる

（平成 3 年 3 月まで・前出著作欄参照）

　＊その他、単発では NHKCK第一ラジオ、CBCラジオ、東海ラジオ等に
　　随時出演

4　その他

昭和51年 4 月　名古屋市立神沢中学校PTA会長（昭和53年 3 月まで）

　　＊　　　中日文化センター講師
　　＊　　　朝日カルチャーセンター講師
　　＊　　　トキワ学院講師
　　＊　　　名古屋市鯱城学園講師
　　＊　　　東京経済大学葵友会名古屋支部会長
　　＊　　　東京経済大学父母の会　　地区役員

表　　彰

平成 9 年 4 月20日　郵政省東海郵政局長表彰（郵政金融政策に貢献）

11年 5 月14日　経済企画庁長官表彰（消費者保護功労者）

12年 6 月16日　日本消費者教育学会功労賞受賞

12年11月 3 日　日本消費経済学会功労賞受賞

15年11月 5 日　愛知県知事表彰（消費者行政等に尽力）

17年10月22日　消費生活アドバイザー制度25周年功労者・経済産業
　　　　　　　大臣賞受賞

18年 4 月20日　日本郵政公社総裁表彰

24年 6 月30日　平成24年度消費者支援功労者内閣総理大臣表彰受賞

＊その他、岐阜県知事をはじめ岐阜県消費生活協会など、感謝状を多数受
　ける

写真・資料等でみる活動

1 名古屋経済大学在職時代

2 著作等の活動

3 日本消費者教育学会の活動

4 社会貢献活動

5 家族、親族、葵友会、お別れ会

1 名古屋経済大学在職時代

①小木ゼミナール活動

卒業アルバム用の撮影には正装を求めた

ゼミナール風景

②消費者問題研究会顧問としての活動

③名古屋経済大学消費者問題研究所の活動

市邨学園大学消費者問題研究所　第1回公開講演会

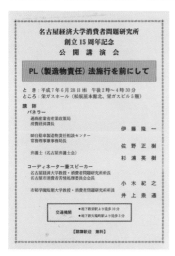

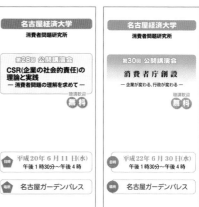

2 著作等の活動

●主な単著

●訳書

●主な共著

●手書き原稿

紀之は終生手書き原稿に徹した

3 日本消費者教育学会の活動

日本消費者学会設立総会資料

金城学院大学消費者教育セミナーにて

次期西村隆男会長に引き継ぎ、名誉会長となる

内閣総理大臣賞受賞の記事掲載

日本消費者教育学会
第17回総会

羽衣学園短期大学
にて

研究誌は第20冊目からこの様式に
なった

韓国のCONSUMER PROTECTION BOARDとの交流会　釜山にて

日本消費者教育学会創立25周年＆小木紀之の経済産業大臣賞（消
費者アドバイザー制度25周年功労者）受賞記念会

37

4 社会貢献活動

①各地での講演、シンポジウム活動

名古屋市にて

高知市にて

甲府市にて

岡山市にて

松本市にて

②平成24年度消費者支援功労者内閣総理大臣表彰受賞

副賞の盾

小木紀之挨拶

受賞記念祝賀会記念撮影

5　家族、親族、葵友会、お別れ会

①家族、親族など

毎年正月には親族が集合した

函館空港前で

左から建人、裕文、紀之、美穂子の4きょうだい

自宅にて

ボストン・ハーバードクラブにて

②東京経済大学葵友会中部支部総会

③お別れ会（2016年8月7日）

献花

謝辞

あとがき

　早いもので、紀之没後4年が過ぎようとしている。今なお膨大な資料の整理に追われているが、ひとまず主要業績を「著作選集」としてまとめ、刊行できることにほっとしている。この作業は、義弟（裕文）の働きに負うところが大きいが、編集にあたっては、従来のスタイルを勘案しながらも、現代流のアレンジを試みた。また、紀之の業績や横顔については、裕文氏をはじめ諸氏によって縷々述べられているのでここでは省き、編集作業を終えるにあたり、以下の2点に絞り記しておく。

　まず第1は、彼の研究生活は生涯を通じ、ある意味で幸せではなかったか、と思う。といっても、研究者としての途を歩み始めた頃は、この研究領域をどこに位置づければよいのか？　まったく受け入れ先がなく、家政学や商学の一科目の中で扱われたに過ぎない時代が続いた。したがって就職先も見つからず、非常勤を掛け持ちするという不安定な生活が続いた。しかし、彼の場合、わが国の戦後の産業構造の変化がそれを後押ししてくれたといえる。つまり、大量生産─大量消費の仕組みが、必然的に多大の公害を発生させ、国民の命と健康を害してしまった。全国各地で反対運動が起き、それを政府も看過できなくなり、法整備や関係機関の創設を行うようになった。そうした状況の中にあって　1) そもそもの問題発生当時から参加できたこと　2) それらの反対運動が政策や行政を動かすことになり法整備や関係機関が整い、研究活動や普及活動の場が格段に広がった　3) さらには問題解決の方法としての消費者教育にまで辿り着き、消費者・行政・企業が三位一体となり取り組めたことなど、実践的性格の濃い学問として、まさに順序よく全過程を潜り、研究を進められたからである。

　第2は母校（東京経済大学）をこよなく愛した人であった。大学の創設者でもあった大倉喜八郎に傾倒し、「僕にもう少し商才と財力があれば、学校を創りたい」とも口にしていた。そんなこともあり、母校の恩師や友人、同窓会とも深く繋がり、進んで役割を引き受けていた。こうして志半ばにして病に伏した彼の胸中を察すると、伴侶としても無念でならないのである。

　2020年3月　　　　　　　　　　　　　　　　　　　　　　　小木美代子

［問い合わせ先］
〒468-0811 名古屋市緑区鳴海町神ノ倉 3-2710　小木
TEL&FAX 052-876-0028

小木紀之の人としごと―略歴・研究活動歴・社会貢献歴―
小木紀之著作選 別巻

2020 年 5 月 3 日　第 1 刷発行　（定価はカバーに表示してあります）

編　集　　小木紀之著作選集編集委員会

発行者　　山口 章

発行所　　名古屋市中区大須 1 丁目 16 番 29 号
　　　　　電話 052-218-7808　FAX052-218-7709　　風媒社
　　　　　http://www.fubaisha.com/

乱丁・落丁本はお取り替えいたします。　＊印刷・製本／シナノパブリッシングプレス
ISBN978-4-8331-5374-4